Oliver Bieber

X wie Hexe

Cornelsen

Verflixt! Es gibt so viele X!

X

X

x

X

X

x

x

In ihrem kleinen, gemütlichen Haus
lebt die Lern-He**x**e **X**enia.

Was eine Lern-He**x**e ist?
Das ist eine He**x**e, die noch ihre Prüfung
vor dem großen He**x**enrat ablegen muss.

Xenia muss sich durch einen Berg
dicker Zauberbücher lesen.
Sie hat noch viel Arbeit vor sich.

Xenia lebt nicht
allein im Hexenhaus.

Ihre besten Freunde sind
die beiden Raben Hip und Hop.

Xenia ist eine liebe He**x**e.
Sie möchte mit ihrer Zauberkraft
nur gute Taten vollbringen.

Es gibt selbstverständlich
auch böse He**x**en.

„Du brauchst nur eine Pause,
dann wird es dir besser gehen“,
tröstet sie der Rabe Hip.

Xenia erhebt sich und gähnt herzhaft.

Dann greift sie nach ihrem Hexenhut
und eilt zum Zauberkessel.

„Was hast du vor, Xenia?“

„Warum bin ich nicht gleich
darauf gekommen?“, murmelt Xenia.

„Ich braue mir einen Zaubertrank,
der mich wach und fit hält.
Dann schaffe ich auch die Prüfung
vor dem Hexenrat."

Der Zaubertrank schmeckt fürchterlich.
Aber Xenia ist so verzweifelt,
dass sie ihn in einem Rutsch austrinkt.
Die Wirkung des Trankes
ist phänomenal:
Xenia ist sofort hellwach
und sprüht vor Tatendrang.

Xenia fühlt sich so stark wie nie zuvor.
Sie fliegt auf ihrem Hexenbesen
eine schwungvolle Runde um das Haus.

Jetzt fühlt sich Xenia
für die Prüfung gewappnet.

„Du kleiner Frosch
warst klein und grün,
aus dir
mach ich ein Ungetüm!“

Durch den Trank
ist Xenias Zauberkraft gewachsen.

Ein zartes Blümchen
wird zu einem Baum,
und der Frosch
verwandelt sich
in ein Monster.

Xenia tritt vor den großen Hexenrat.
Es ist ihr Prüfungstag.

Sie hat Angst vor den anderen Hexen,
die sie heute zum ersten Mal sieht.

„Wir werden dich
einer strengen Prüfung
unterziehen, Xenia.
Und wehe, wenn du
deine Bücher nicht anständig gelesen hast.

Der große Hexenrat wird dich
dann schwer bestrafen“,
so spricht die Oberhexe Ottilie Otterngezücht.

Xenia hat jetzt noch mehr Angst als vorher,
wenn das überhaupt möglich ist.

Doreen Dösig

„Du wirst uns zuerst
einen Verschwinde-Zauber vorführen.
Deine Aufgabe lautet:
Der gesamte Hexenrat und ich als Oberhexe
sollen von dir 20 Meter weiter auf die Wiese
gezaubert werden.

Wenn du fleißig gewesen bist,
dürfte diese Aufgabe
nicht schwer sein.“

Xenia hat Glück.
Sie erinnert sich genau
an den Verschwinde-Zauber.

Morgens hat sie ihn noch
aus ihren Büchern gebüffelt.
Xenia schwenkt ihren Zauberstab
und spricht:
„Eben warst du an diesem Ort,
mein Zauberwerk jagt dich hinfort.“

Arme Xenia.
Sie hat ihre Superkräfte vergessen.

Xenia hat den großen Hexenrat
und die Oberhexe
an den Nordpol geschickt.
Dabei sollten sie nur 20 Meter
weiter wieder auftauchen.
Xenias Trank war einfach zu stark.

Die Hexen kommen
bibbernd und erkältet
zurück.

Die Oberhexe hat sich
im ewigen Eis
einen Schnupfen geholt.

„Das war nicht schlecht,
aber zuviel des Guten.
Ich hoffe für dich,
dass du
die nächste Aufgabe
besser bewältigst.
Du sollst einen kleinen Wirbelsturm entfachen,
der einmal um das ganze Tal läuft
und sich dann von selbst auflöst."

Xenia kennt auch den Zauber
für Wirbelstürme.
Dieses Mal
ist das Ergebnis
noch schlimmer:
Mit lautem Brausen
fegt der Wirbelsturm
die Hexen fort.
Xenia war
wieder
einmal zu stark.

Xenia muss auf ihrem Hexenbesen
weit fliegen, bis sie die zerzausten Hexen
in einer Baumkrone wiederfindet.

Die Oberhexe beschimpft Xenia:
„Das hast du mit Absicht gemacht.
Du bist eine grauenvollere Hexe
als wir alle zusammen.
Ich werfe das Handtuch,
du bist viel stärker als ich.
Ab heute bist du die Oberhexe.“

Xenia hat nicht nur die Prüfung bestanden,
sie ist zur Oberhexe ernannt worden.

Sie sitzt mit ihren Raben Hip und Hop
auf dem Hexenthron.

Xenia wurde eine gute Oberhexe.
Sie verbietet jeden Schabernack
und böse Flüche.
Zauberkraft soll nur dem Guten dienen.

Die Hexen haben zuviel Angst vor Xenia,
und so gehorchen sie murrend.

Keine von ihnen
will wieder am Nordpol landen.

Verhexte Wörter

Xenia hat die Wörter durcheinandergehext.
Wie heißen die Wörter richtig?

BAUMTANNEN

TANNENBAUM

BROTPAUSEN

PAUSENBROT

KUCHENLEB

LEBKUCHEN

KARTEWETTER

WETTERKARTE

SPRUCHZAUBER

ZAUBERSPRUCH

KISTEWERKZEUG

WERKZEUGKISTE

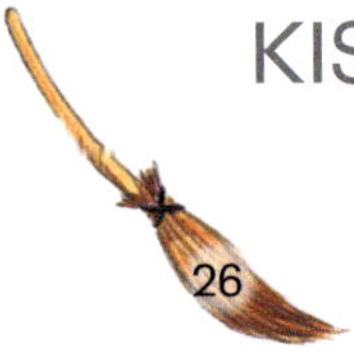

PULVERBACK

BACKPULVER

RANZENSCHUL

SCHULRANZEN

KETTEPERLEN

PERLENKETTE

Zaubersprüche für jede Gelegenheit

Zauberspruch gegen Regen:

„Regen, Regen flieg nach Hause
und mach eine lange Pause."

Zauberspruch gegen Hunger:

„Abrakadabra, fideldimaus,
ich zaubere mir einen Festtagsschmaus."

Zauberspruch gegen Armut:

„Silber und Gold –
seid mir hold.
Simsalabim – ich bin reich
wie ein Scheich."

Zauberspruch gegen Trübsinn:

„Hokuspokus higgeltipuk,
weg ist der böse Gedankenspuk."

Denk dir doch einmal selber
ein paar Zaubersprüche aus.
Den Anfang gibt dir Xenia vor.

Zauberspruch für gute Laune:

„Eia poppeia, man höre und staune:
Ich habe heute ..."

Zauberspruch für Liebesglück:

„Zwei Schritt vor und drei zurück –
Heute habe ich in der Liebe ..."

Wer war die Hexe in „Hänsel und Gretel"?

Huhu, da schaut eine alte Hexe raus.
Sie lockt die Kinder ins Pfefferkuchenhaus.
Sie stellte sich gar freundlich,
o Hänsel, welche Not,
sie will dich braten, im Ofen braun wie Brot.

Das ist eine Strophe aus dem Kinderlied „Hänsel und Gretel verliefen sich im Wald".

Ihr kennt bestimmt das Märchen und habt Bilder vom Lebkuchenhaus und der bösen Hexe gesehen.

Die Brüder Grimm haben solche Märchen gesammelt. Sie sind durch Dörfer und Städte gereist und haben die Märchen aufgeschrieben, die seit Generationen nur mündlich überliefert wurden.

Die Märchen waren damals schon alt. Sie hatten ihren Ursprung in einer dunklen Zeit, als Frauen der Hexerei bezichtigt wurden. Hielt man sie für schuldig, verbrannte man sie auf dem Scheiterhaufen.

Weil diese schrecklichen Dinge passierten, flossen sie auch in die Märchen des Volkes ein.

Im Märchen von „Hänsel und Gretel“ stößt Gretel die Hexe in den brennenden Ofen.

Man sagte, Hexen seien böse und mit dem Teufel im Bunde. Schon rote Haare galten als verdächtig. Wenn eine Frau sich gut mit Kräutern auskannte, brachte sie sich in Gefahr. Sie konnte der Hexerei angeklagt werden, und damit war sie verloren. Wie sollte sie beweisen, dass sie keine Hexe war? Wäre sie aber eine Hexe gewesen, hätte sie sich fortgehext.

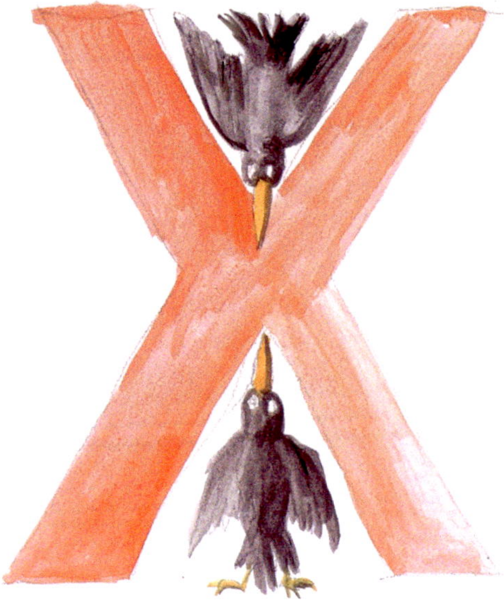

Gesamtgestaltung: X-six agency GmbH
Illustration: Oliver Bieber

www.cornelsen.de

1. Auflage, 1. Druck 2008

Druck: 1010 Printing International Ltd, Yuan Zhou

ISBN 978-3-589-00504-8

Inhalt gedruckt auf säurefreiem Papier aus nachhaltiger Forstwirtschaft.